FÉDÉRATION DÉMOCRATIQUE NATIONALISTE

DES ARDENNES

# En France

## ET

# En Ardennes

« "La force prime le droit", est le mot
d'ordre des pouvoirs despotiques, des
oligarchies gouvernantes. »

V. COMPAS

1900

CHARLEVILLE. — IMPRIMERIE DU PEUPLE ARDENNAIS
11, Avenue de la Gare

Le minuscule Victor Compas, socialiste militant, franc-maçon avéré et employé de M. Corneau, publiait il y a quelques semaines, une brochure dans laquelle le pauvre homme, visant au lyrisme le plus échevelé, est ridiculement tombé dans le simple bafouillage.

Son pathos n'ayant ému personne, nous aurions jugé parfaitement inutile de faire à cette petite chose, l'honneur d'une réponse, si quelques personnes ne nous en avaient prié.

Nous nous sommes d'autant plus volontiers rendus à leur désir, que nous avons ainsi l'occasion de faire nous-mêmes œuvre de propagande au profit de la cause Démocratique et Nationaliste.

Quelques-uns de nos amis s'étant mis à l'œuvre, ont en quelques jours, réuni les quelques pages qu'on va lire. On nous tiendra compte de la précipitation avec laquelle elles ont été écrites (précipitation d'autant plus grande que les besoins de la propagande ne dispensent aucun de nous de ses devoirs professionnels), et l'on nous pardonnera les défauts de composition et de cohésion qu'on y pourrait trouver.

On ne verra dans cet opuscule que le sentiment qui l'inspire et l'idée qui le domine.

Maurice PONTHIÈRE.

# AVANT-PROPOS

A tous nos amis des Ardennes qui gémissent comme nous de l'odieuse tyrannie du capitalisme juif, à tous ceux qu'indigne la hideuse Franc-Maçonnerie, aux camarades de travail qui trouvent que tout n'est pas pour le mieux dans notre prétendue démocratie, nous dédions cette petite brochure de propagande.

Il importe en effet d'éclairer les masses que trompent sans vergogne des millionnaires qui se disent socialistes, et des meneurs collectivistes vendus à la Loge et à Israël.

Nos adversaires parlant sans cesse de je ne sais quel péril clérical, oublient de montrer au Peuple ses véritables ennemis.

La France est de nos jours gouvernée par les Juifs qui possèdent près de la moitié de la fortune nationale. Ces gens-là, auteurs de tous les Panama et de tous les chemins de fer du Sud, occupent tous les postes, toutes les fonctions publiques.

Rothschild est le roi de la France, son palais est la Bourse.

Malheureusement, le Juif a infusé son esprit néfaste à beaucoup de capitalistes qui traitent leurs ouvriers comme une vulgaire *semence de bétail*.

Israël est maître absolu de la Société secrète et illégale nommée Franc-Maçonnerie. C'est dans les Loges — endroits obscurs où ils sont revêtus de ridicules déguisements — que les 25.000 Francs-Maçons rédigent toutes les lois et poussent au pouvoir leurs créatures.

Notre pauvre pays est la proie de ces deux vautours : le Juif et le Franc-Maçon.

Nous ne jouissons d'aucune liberté — pas même celle de nous associer à plus de 20 personnes.

Nous payons plus d'impôts qu'aucun autre Peuple de la terre.

Notre industrie, notre commerce, notre crédit tombent chaque jour plus bas.

L'agriculteur est dans une affreuse situation.

Le parlement ne vote aucune des lois réclamées depuis si longtemps par les travailleurs. Il s'épuise en vaines discussions, et en mars, cette année, n'avait pas encore voté le budget.

Nous ne comptons plus en Europe : on ne parle plus de l'alliance Russe, nous avons courbé honteusement la tête à Faschoda devant les Anglais auxquels résistèrent avec tant d'héroïsme 100.000 Boërs.

Arrêtons-nous, il y aurait trop à dire. Depuis six mois, nous buvons la coupe jusqu'à la lie.

La Juiverie du monde entier est parvenue à faire mettre en liberté le traitre Dreyfus, justement condamné par deux Conseils de Guerre.

Les patriotes sont en exil et en prison. Il est inutile d'insister, nos amis connaissent aussi bien que nous les atteintes à la Justice, à la Liberté, à l'Egalité, au Droit commises chaque jour par la Haute Banque juive et par la Franc-Maçonnerie.

Voilà ce qu'aurait dû montrer un ancien élève des curés, parents d'ecclésiastiques, un bénéficiaire de l'enseignement libre, le citoyen Compas, qui met sa fille chez les sœurs.

Ce prétendu prolétaire employé du millionnaire Corneau, est lui-même Franc-Maçon depuis peu.

Il ne voit pas le pauvre ! que la Loge cherche à l'accaparer lui et les meneurs collectivistes pour les diriger à sa guise.

Compas, Poulain, Lassalle, etc, sont des Fr∴ M∴, ils s'en vantent !

Comment pourraient-ils combattre la Société secrète et illégale dont ils sont membres ?

Dans une petite brochure qui se vend bien à 150 exemplaires et qui atteindra le chiffre de 500 grâce à la réclame que nous lui faisons en ce moment le Fr∴ Compas (en ce style d'intellectuel prétentieux et plat qui remplit d'aise M. Meyrac le calomniateur gagé pour souiller les familles) a voulu renouveler ses phrases vides et creuses sorties par lui d'une voix de fausset et appuyées de petits gestes ridicules dans les réunions publiques en compagnie du jeune fumeron Evrard, dit Varède, qui jadis allait à la messe à Douai avec un gros livre sous le bras.

Nous ne nous arrêterons guère à réfuter les inepties du susdit citoyen, et nous avouons franchement à nos lecteurs que c'est *flanquer cinq sous à l'eau* s'ils sont dans l'intention d'acheter ce petit chef-d'œuvre.

Nous avons voulu surtout montrer dans les pages qui vont suivre qu'il est possible d'être bon et inébranlable républicain et de combattre la secte de politiciens francs-maçons.

Les élections municipales approchent, les journaux menteurs, à la solde de la Loge ont commencé leur besogne et partout dans le département poussé en avant les hommes-liges de M. Corneau.

On s'apprête aussi à embrigader les travailleurs, à les faire voter pour des listes composées de prétendus socialistes accolés à de purs Francs-Maçons.

Rien ne sera plus facile puisque les chefs socialistes ardennais sont devenus Francs-Maçons.

Il est temps de réagir. Debout tous ceux qui veulent la Liberté et l'Egalité !

La bataille sera rude dans la France.

Il faut que dans nos Ardennes, les idées nationalistes, antisémites et démocratiques soient opposées vigoureusement comme elles le seront partout ailleurs, aux théories des internationalistes, des juifs et des sectaires.

Puissent ces quelques pages faire un peu de bien et ouvrir les yeux à quelques égarés !

Que nos amis répandent cette brochure partout et atteignent le plus d'indifférents qu'ils pourront.

Et comme le disait dernièrement un des nôtres : Nous voulons que la France se connaisse, qu'elle connaisse son mal, qu'elle connaisse ceux qui le lui font et qu'elle s'en délivre. Ce sera long, ce sera laborieux ; mais nous croyons que cela se fera. Dans cette campagne de défense intérieure il nous restera l'honneur d'avoir sonné le premier coup de clairon du réveil, — si grêle d'abord dans le lointain et assourdi par la brume, mais auquel de proche en proche, répondent d'autres dianes, jusqu'à ce que tout le camp soit debout et s'ébranle sous le soleil qui monte !

Camille SAUVELET.

# Où en sommes-nous ?

Point n'est besoin pour nous dégoûter, du scandaleux accaparement de la République par la Maçonnerie — de rappeler tous les scandales des dernières années : Panama, les Chemins de fer du Sud, les décorations trafiquées à l'Elysée ; n'insistons pas davantage sur les impôts toujours croissants que nous payons, sur le nombre grandissant des fonctionnaires (1 sur 12 habitants mâles), sur le gâchis parlementaire ; arrêtons-nous seulement sur les ignominies commises depuis un an.

Monsieur Loubet est Président de la République, il est l'élu des chéquards ; la Chambre lui infligea, alors qu'il était Ministre de la Justice, un blâme à l'unanimité, pour avoir facilité l'évasion d'Arton, le fameux panamiste ; il refusa de livrer à Quesnay de Beaurepaire, qui depuis lui a jeté sa robe de magistrat à la tête, la liste des 104 députés qui touchèrent de l'argent pour le Panama.

Il est vrai que M. Loubet jouit d'une popularité immense et que toutes les fois qu'il sort dans Paris, on mobilise 25.000 hommes pour le protéger.

Ce digne homme a su s'entourer de dignes ministres : Waldeck-Rousseau, l'avocat des financiers véreux, le défenseur d'Eiffel ; Monis l'Escroc, chassé pour escroqueries de la maison Martel ; Lanessan, l'ami du maître-chanteur Canivet, il y a quelques jours, le protecteur de l'espion

Jude Philipp ; Gallifet, le fusilleur du Peuple à la Commune, auquel fait vis-à-vis le faux socialiste Millerand, l'élu de ceux dont les pères furent massacrés par le même Gallifet.

C'est le ministère Dreyfus, constitué pour l'acquittement du traître !

Aujourd'hui, Dreyfus est en liberté, quoique condamné par deux tribunaux, et après avoir avoué son crime.

Quelques jours avant l'arrêt du Conseil de Guerre de Rennes, M. Loubet affirmait qu'il respecterait sa sentence !

Déroulède et Marcel Habert sont en exil, bien qu'acquittés par le jury populaire.

L'espion Giletta, condamné à 5 ans de prison, a été grâcié aussitôt par le dit Loubet.

On parle actuellement de la grâce des incendiaires de l'Eglise St-Joseph.

Il est fort question aussi de réintégrer Dreyfus et le colonel Picquart dans l'Armée française.

Par contre, on a frappé une foule d'officiers et de généraux glorieux comme Négrier.

Le gouvernement révoqua les magistrats, professeurs, fonctionnaires de toutes sortes, qui ne témoignaient pas pour l'espion Dreyfus une sainte admiration.

Mais on laissait bien en paix des professeurs comme Basch et une douzaine de ses semblables qui protestèrent par écrit contre le jugement du Conseil de Rennes.

La pauvre Madame Henry se voit refuser, par le bon plaisir du ministère, le droit de poursuivre le hideux diffamateur de son mari, le juif-gorille Reinach.

Mais, comme compensation, Urbain Gohier peut traiter les officiers de faussaires et de crapules.

Le gouvernement prépare un projet d'amnistie dont bénéficieront tous ses amis, et dont seront écartés tous les autres, y compris les braves Algériens. Celui qui crie : Vive la France ou vive l'armée, est aussitôt mis en prison, mais on laisse la rue aux anarchistes et le président de la République prend plaisir à voir le drapeau rouge et le drapeau noir flotter sous son nez.

Les décorations pleuvent sur les dreyfusards et les juifs : Guy Perron, Paquin, etc., les autres recueillent généralement des suppressions de traitement.

Il n'est pas nécesaire de continuer cette énumération, elle serait trop longue.

En résumé, comme dit Coppée, tout ce qui se passe est de l'anarchie, et il serait beaucoup plus simple de déclarer une fois pour toutes que le Grand Orient agit selon son bon plaisir, qu'il exerce le pouvoir absolu à la manière de Nabuchodonosor ou de Tamerlan et qu'il n'y a plus de loi dans le « doux pays » de France.

***

Dans les Ardennes, le gâchis est à peu près au même niveau.

Deux de nos sénateurs sont les prisonniers des socialistes dreyfusards. On se rappelle les scandaleuses élections de M.M. Goutant et Fagot, qui pour occuper un siège de caïmans signèrent le programme des révolutionnaires au troisième tour de scrutin.

Cinquante socialistes menant huit cent cinquante délégués sénatoriaux et faisant les élections, voilà le spectacle.

Le dit Goutant est un bon franc-maçon et prend le mot d'ordre à la Loge de la rue de Tivoli — il en est fort probablement de même de Fagot, lequel va devenir rédacteur au *Petit Ardennais* (d'après l'information de ce journal).

Nos députés sont à peu près de la même trempe. Poulain et Lassalle s'écrient à la dernière fête de la Loge qu'ils n'ont jamais été aussi heureux que depuis qu'ils sont francs-maçons.

M. Hubert appartient aussi — d'après des journaux bien informés — à la dite secte.

Quant au Conseil général il est composé de 33$^{mes}$ degrés, de Kadoschs et de Rose Croix. Il est vrai que notre budget est on ne peut plus chargé, et que dernièrement il n'y avait plus de sous pour assurer le service des ponts et chaussées.... tout cela, on le sait, c'est la faute aux curés !

Une grande quantité de fonctionnaires sont francs-maçons, ainsi que d'instituteurs, et si en France on compte beaucoup de professeurs patriotes dans l'Université, il n'en est pas de même à Charleville où inspecteur d'Académie, proviseur et la majorité des professeurs sont ou juifs ou frères sectaires.

Il est inutile d'ajouter que la plupart des sociétés locales sont entre les mains des amis du vénérable Corneau.

Autrefois les socialistes étaient des gens indépendants combattants tous les bourgeois ; aujourd'hui ils sont aux pieds des francs-maçons, et leurs chefs font partie de cette Association bourgeoise par excellence.

Le citoyen Compas (qui met sa fille chez les sœurs) a lui-même depuis peu revêtu le petit tablier.

Ça n'empêche pas naturellement tous ces messieurs de traiter les autres de cléricaux.

En résumé, qu'on le veuille ou non, la Franc-Maçonnerie, dans les Ardennes comme partout en France, tend à accaparer de plus en plus le mouvement ouvrier ; envoie des subsides aux grévistes de Vrignes-aux-Bois pour les flatter, et prête la salle de réunion de la Loge de la rue de Tivoli pour les congrès des prétendus travailleurs qui ne sont au fond que des bourgeois.

Dites tout cela à un de nos adversaires, et immédiatement il vous traitera de punaise de sacristie ou d'échappé de jésuitière ; notez que tous les Waldeck, Monis, Gallifet, Poulain, Corneau, Meyrac, Compas, Puel, Fenaux, etc. etc., furent les élèves des curés, ou vont sonner à leurs portes pour se faire administrer les sacrements.

. . . . . . . . . . . . . . . .

Il est temps de dévoiler les manœuvres de tous ces gens-là, qui pour faire diversion, crient sans cesse : Mort aux curés ! quand le péril clérical n'existe pas dans les Ardennes (pas plus qu'ailleurs du reste.)

Les jésuites ? ce sont eux, seulement ce sont des jésuites rouges.

Puisse cette brochure faire réfléchir quelques indifférents, leur faire aimer notre beau et grand parti nationaliste et antisémite, et haïr les punaises de ghetos et les cafards des Loges.

WHIST.

# Les Socialistes devant le Veau Juif

Le Militarisme, le Désarmement, la Colonisation, le Chauvinisme, voilà les questions traitées par le F∴ Compas. En quelques lignes il affirme son Internationalisme, son Cosmopolitisme, et surtout sa haine pour l'Armée, et pour ses chefs glorieux, Dodds, Marchand, etc. Le cliquetis des baïonnettes, le bruit métallique des crosses de fusil, jettent dans son cœur l'effroi le plus profond, et cet effroi se traduit par cette phrase monumentale : « L'impôt du sang et l'impôt pécuniaire sont les deux mamelles nourricières des armées permanentes. » On s'en doutait un peu. Et toute sa haine se tourne contre l'Armée Française. Il proclame le désarmement et oublie de nous dire si les Allemands suivront notre exemple. Il est permis d'en douter après les déclamations de Liebnecht affirmant bien haut son patriotisme et fustigeant de main de maître les socialistes français embarqués dans le parti dreyfusard. Il ne faut pas s'y tromper, l'effort des socialistes contre notre armée nationale ne s'est concentré que depuis la trahison de l'ignoble Youpin. Et là encore est apparue dans son hideux épanouissement la puissance funeste de l'Or. Après avoir bavé contre le Capital, nous avons vu tous les socialistes se vautrer aux pieds du Veau Juif, se ruer autour de l'auge dorée où ils ont pu s'en donner à gueule que veux-tu, pourvu que partout, dans les journaux, dans les réunions, l'Armée Nationale fût traînée dans la boue, ses chefs insultés et que Dreyfus fût proclamé martyr innocent. Juifs, Francs-Maçons, Protestants et Socialistes, dansèrent une épouvantable sarabande et dans le concert qui eut lieu dans les Ardennes, on peut dire que Corneau et Meyrac au *Pet. Ard.*, Varède et Compas au *Socialiste* firent copieusement leur partie, tels de pastuleux crapauds, par une belle nuit d'été, croassent au bord de la mare et attendent la manne providentielle.

Et voilà à quoi devait aboutir le programme des revendications ouvrières ! Ah ! vous pouvez vous vanter d'avoir fait de la belle besogne ! Votre drapeau rouge a pu en effrayer quelques-uns ; aujourd'hui il nous dégoûte parce que de rouge il est devenu jaune, la couleur juive, et lorsqu'il claque au vent on peut lire dans ses plis : Réhabilitation du traître là où vos ancêtres avaient écrit : Révolution sociale.

Et Compas fait une brochure destinée au Prolétariat ; il veut montrer au Peuple ses pires ennemis, ceux contre lesquels il doit lutter sans trêve ni merci, et le mot juif n'apparaît pas une seule fois sous sa plume. C'est toujours le même système. L'habileté du juif, en effet, a été de faire dévier la question sociale de son vrai terrain. Depuis que la lutte entre le Capital et le Travail a été engagée, on en a fait la lutte des classes, la lutte contre le Cléricalisme, et en dernier lieu la lutte contre le Militarisme.

MATHURIN.

# La Franc-Maçonnerie

Souvent on nous dit : Pourquoi combattez-vous la Franc-Maçonnerie ? Ne voulez-vous pas la liberté ? Vous vous attaquez à cette société parce qu'elle est composée d'esprits libéraux qui toujours furent les promoteurs des grandes idées de Justice et d'Humanité

Rien n'est plus faux.

Nous combattons la Franc-Maçonnerie parce qu'elle seule jouit de la liberté et qu'elle abuse de ce privilège pour étouffer la liberté d'autrui.

On ne peut en France (à la différence de tous les autres pays) se réunir à plus de 20 personnes.

Les procés récents de différentes ligues sont encore dans la mémoire de tous : une seule ligue jouit de la liberté : la Franc-Maçonnerie.

Cependant aucune loi ne lui assure ce droit, mais comme tous nos gouvernants sont francs-maçons, comme ceux qui sont chargés de poursuivre (le fr∴ Bulot) appartiennent à cette secte, comment voulez-vous qu'ils se poursuivent eux-mêmes ? Ils forment un Etat dans l'Etat.

La Franc-Maçonnerie est d'origine juive, les cérémonies accomplies dans les loges sont calquées sur les cérémonies anciennes des juifs. Nathan et Lemmi, les deux grands maîtres de la secte, sont juifs, ainsi que tous les membres des 12 principales Loges.

On entre dans cette société secrète généralement en qualité d'ambitieux, pour arriver à quelque chose.

La Franc-Maçonnerie se présente aux âmes naïves comme une société de bienfaisance, elle distribue quelques milliers de francs en aumône chaque année !

Son vrai but est de faire de la politique, arriver à diriger la France en plaçant partout ses créatures.

Toutes les lois de ces 20 dernières années ont été élaborées dans les loges. 300 députés et la moitié du Sénat sont les prisonniers de la Veuve.

On a vu la force de la Maçonnerie dans l'affaire Dreyfus, lequel outre sa qualité de juif était franc maçon par dessus le marché, c'est elle qui a soulevé le monde contre nous.

En 1871, 400 loges décidèrent que l'Alsace-Lorraine devrait rester à l'Allemagne, 4 loges seulement votèrent en sens contraire.

Les voyez-vous les braves maçons dans leurs loges de la rue de Tivoli à Charleville ? Montez au premier étage, la salle ressemble à un vaste tribunal. Aucun orifice, aucune lumière n'arrive du dehors. Quant on tient séance on allume quelques becs de gaz. Le vénérable Georges Corneau se tient au fond, assisté du frère orateur et du frère secrétaire. Près de la porte, sur de petits bureaux en forme de triangle, les deux frères portiers. Deux colonnes de forme bizarre sont à l'entrée. Le long du mur sur des bancs en gradins sont rangés les frères maçons. Tous sont vêtus de petites bannettes bleues, et tiennent à la main une épée ronde du bout. De temps en temps, entre deux coups de maillets, un

33<sup>me</sup> exécute la danse de l'ours, et les cérémonies ridicules de l'initiation, du mariage, alternent avec les discussions politiques.

Voilà la Franc-Maçonnerie.

Vous et moi, nous ne nous doutons pas que c'est là, dans cette salle noire où se réunissent 80 frères que s'agitent toutes les affaires qui nous concernent.

25.000 francs-maçons en France, grâce à leur force d'association, préparent, discutent les lois, mènent leurs frères du gouvernement par le bout du nez, et crient au péril clérical...

Franchement y a-t-il de plus parfaits cléricaux ?

JOB.

# LA QUESTION SOCIALE

Le Soleil de Montcy-Saint-Pierre peut se vanter d'avoir été un vif éclat sur cette question qui jusque-là n'était pas sortie de la région des ténèbres.

En une synthèse dont la simplicité n'exclut pas la puissance, il déchire tous les voiles. La question sociale, c'est d'une part le Maître de Forges : « un monsieur rougeaud assis seul à la terrasse d'un café, monologuant devant un verre d'absinthe. »

Et c'est en face « devant le haut-fourneau qui s'allume, sous l'incandescence du foyer, ses ouvriers ruisselants de sueur, qui tordent leurs muscles à façonner le minerai. »

Malheureusement, cette image est fort imparfaite et ne nous représente qu'un socialisme de mauvais aloi, le socialisme de sixième ordre, ignorant et bas dont l'origine est l'envie, dont l'aliment est la haine, dont le but est la guerre civile,

C'est d'ailleurs un fait qu'il faut constater en passant, les socialistes ardennais (nous parlons surtout des meneurs), sont en matière de sociologie d'une remarquable ignorance.

Il y a un socialisme légitime et louable, c'est celui qui rassemble des travailleurs calmes et sensés et qui les guide dans l'étude et la défense de leurs intérêts professionnels.

De même qu'un commerçant exerce le droit de discuter avec son client le prix de ses fournitures et que personne ne lui interdit de s'entendre avec quelques-uns de ses confrères pour tâcher d'imposer au public un prix rémunérateur, de même et à plus forte raison le travailleur, l'ouvrier qui vend à l'industriel son travail, a-t-il le droit, d'accord avec ses camarades, de demander en échange de son labeur, un salaire lni garantissant une existence digne pour lui et pour sa famille.

Quel homme de bon sens oserait refuser à un autre homme le droit de discuter les conditions dans lesquelles il consent à aliéner la part la plus importante de sa liberté et de son activité à une industrie quelconque?

N'est-il pas évident par exemple, que l'homme qui loue sa puissance de travail ne loue que ce que comportent les forces humaines et qu'on ne saurait lui imposer un labeur excédant ce que la nature permet à chacun de fournir ? N'est-il pas sage, en se basant sur ce principe, de réclamer de nos législateurs la limitation des heures de travail et de leur demander surtout ce que l'expérience des siècles a consacré comme un minimum indispensable : le repos hebdomadaire ?

N'est-ce pas la nature encore qui demande pour l'enfance des égards particuliers et qui lui interdit un travail prématuré ou trop prolongé?

N'est-ce pas la nature aussi qui clame impérieusement par la voix de tous les sentiments les plus forts et les plus sacrés qu'il est criminel d'enlever à la famille sa base, à l'enfant son guide, au foyer sa reine : la mère de famille.

Que de réformes à accomplir ! Nous ne saurions en si peu d'espace les indiquer toutes.

Ce serait d'ailleurs une tâche inutile sinon dangereuse. Dangereuse en effet serait une tendance de l'opinion à attendre tous les progrès de l'Etat. Nous avons la conviction que la législation sociale la plus juste, la plus conforme aux intérêts des classes de la société, la mieux appropriée aux besoins du temps et aux nécessités de la production sera celle qui naîtra en quelque sorte de l'action féconde et pacifique des organisations professionnelles, des syndicats tant ouvriers que patronaux.

Tel est le socialisme que nous comprenons et que nous préconisons.

Mais ce socialisme a des adversaires de plusieurs sortes : les Juifs, les Francs-Maçons, les prétendus Socialistes Les Juifs en sont les adversaires pour l'exellente raison qu'ils ont le misérable honneur d'avoir créé la société Moderne et de lui avoir imposé son dieu : le Veau d'Or.

C'est au Juif que nous devons cet état social dont Sa Majesté l'Argent est le maître suprême. C'est lui qui a sacrifié au pied de son idole et nos traditions sociales, et la stabilité des foyers et l'honneurdes familles et la dignité de l'individu.

Il faut reconnaitre d'ailleurs que le Juif avait pour atteindre son but un instrument docile. N'avait-il pas en effet la bourgeoise jacobine avec l'admirable organisation occulte de la Franc-Maçonnerie ?

Les convoitises et les ambitions ne lui 'livraient-elles pas les Corneau de tout accabit, tous les hommes néfastes dont les noms seront écrits en grosses lettres dans l'Histoire de l'exploitation de la misère et de l'ignorance humaine.

La rénovation sociale a enfin comme ennemi, le prétendu Socialisme vendu à la Franc-Maçonnerie, le soi-disant Parti Ouvrier conduit par des bourgeois, les bourgeois les plus bourgeoisant.

Sans les violences, les exagérations mensongères du faux Socialisme, l'Opinion aurait compris depuis longtemps la nécessité de réformer une société qui n'est conforme ni à nos traditions, ni à notre tempérament. Ce qui a retardé l'avènement d'un état social meilleur, c'est assurément l'attitude écœurante des meneurs du pseudo-Socialisme dont l'ambition effrénée et les passions sans vergogne transparaissaient dans tous leurs actes, comme l'orgueil par les trous du manteau de Diogène le Cynique.

C'est aussi l'attitude de tous les pitres du Collectivisme dans cette malheureuse affaire Dreyfus où ils n'ont pas craint de se faire sous couleur d'internationalisme sentimental les agents de l'étranger contre notre esprit et contre nos institutions nationales.

Le sentimentalisme aveugle et féroce est d'ailleurs un des traits les plus frappants de la maladie collectiviste. Et ce n'est pas, pour l'observateur, un des symptômes les moins sûrs de la décadence prochaine de ce parti.

Le faux socialisme des Poulain, des Jaurès, des Millerand est destiné à disparaître à brève échéance de la scène politique, car il s'est inoculé le virus mortel qui a déjà abattu l'opportunisme protestant et le jacobinisme radical, nous voulons parler du sentimentalisme hypocrite qui ait écrire au petit Compas de semblables absurdités :

« La justice immanente est écrite dans l'histoire.

« Haine féconde, révolte sublime ! Vous briserez tous les obstacles, vous renverserez tous les despotes, vous émanciperez tous les peuples, vous affranchirez l'Humanité.

« La vengeance alors disparaitra du cœur de l'homme. Le sabre ne sortira plus du fourreau. La haine fera place à la fraternité, et les citoyens de l'avenir travailleront solidairement, pour le bonheur commun, dans la paix et la liberté. »

Le Peuple n'en veut plus de l'Egalité devant la guillotine, de la Liberté entre les murs des prisons, de la Fraternité qui égorge.

Il n'en veut plus des Révolutionnaires Jacobins dont l'éternelle politique est de faire jouer les ressorts de leur sensiblerie vulgaire et de renverser sous prétexte de justice des classes privilégiées qu'ils aspirent seulement à remplacer.

Le Peuple veut que la « haine fasse place à la fraternité », non pas demain, non pas quand les bandes que les Corneau et les Poulain conduisent au massacre et au pillage auront accompli leurs « révoltes sublimes » et assouvi leurs « haines fécondes. C'est aujourd'hui même qu'il exige la Fraternité et qu'il entend la pratiquer en respectant tous les droits véritables et tous les intérêts légitimes. C'est pourquoi il ne faut pas attribuer à un engouement passager, mais à un dévouement raisonné le mouvement invincible qui entraîne aujourd'hui les masses dans les rangs d'un nouveau parti ouvert à toutes les bonnes volontés, respectueux de toutes les convictions, dévoué à tous les besoins du pays, ardent au combat, modéré dans la victoire : le Parti Démocratique Nationaliste.

M. P.

# Le Parlementarisme

La question du parlementarisme est une de celles qui ont le plus besoin d'être exposées au public, elle n'est pas encore comprise.

Beaucoup de personnes ne sont pas éloignées de croire que la suppression du parlementarisme n'est autre chose que la suppression de la représentation nationale.

Beaucoup d'autres éprouvent bien pour le régime parlementaire une aversion instinctive, mais elles n'ont pas sérieusement analysé le mal et prévu le remède.

Le F∴ Compas est de ce nombre. Il écrit en effet :

« Quand donc finira la comédie parlementaire ou ministérielle ?

« Les députés succèdent aux députés, les ministres remplacent les ministres, et les prolétaires aussi succèdent aux prolétaires, et la misère remplace toujours la misère.

« Plus ça change, plus c'est la même chose.

« Les jours se suivent et se ressemblent trop pour le peuple.

« Les travailleurs sont les éternelles dupes des gouvernements, et les gouvernements sont les exploiteurs séculaires de la plèbe.

« A l'ouvrage, camarades, il s'agit de démolir cet échafaudage qui nous opprime et nous écrase par lui même : le parlementarisme. »

Lorsqu'on a lu ce court extrait des élucubrations du petit rageur qui illustre Montcy Saint-Pierre on a la conviction qu'une fois de plus le pauvre homme a éprouvé le besoin de parler d'une chose dont il ignore le premier mot.

Il faut bien se garder de confondre le régime parlementaire avec le régime représentatif.

L'essence du régime parlementaire est la responsabilité solidaire des ministres devant les Chambres  Nous vivons sous le régime parlementaire,  non   pas parce que nous avons des députés, mais parce que ces députés ne se bornent pas à jouer leur rôle de législateurs.  La Chambre en effet ne se contente pas de faire des lois, elle exerce une partie importante du pouvoir exécutif.

Comment exerce-t-elle ce pouvoir ?

En  désignant  les  détenteurs de ce pouvoir, en les choisissant dans  son sein, en les maintenant  sous sa puissance par la menace perpétuelle du vote de défiance.

Et ainsi se trouve violé ce principe fondamental de toute Constitution républicaine : La Séparation des Pouvoirs.

Le législatif chez nous est si peu séparé de l'Exécutif que les membres du Gouvernement sont  à la  fois les anciens camarades, les créatures et les valets des législateurs.

Il faudrait un volume pour développer même  succintement les idées que nous indiquons dans ce chapitre.

Autrefois il y avait un  roi  ou un empereur  en France qui avait un pouvoir presqu'absolu.

Aujourd'hui,  il n'y a plus  d'empereur, mais il y a 800  roitelets, ce sont les députés et les sénateurs : ils renversent les ministères font trembler le rouage inutile qui a nom président de la République, gaspillent notre argent dans le budget qui enfle chaque année,  distribuent places, honneurs, et bureaux de tabacs,  tyrannisent les préfets et toutes les administrations, interpellent, se battent, dépensent des  sommes folles à la  buvette, et finalement ne votent aucune loi, pas même le budget.

C'est le  parlementarisme — ou  plutôt un  côté du

parlementarisme. Tout le régime est faussé. Le président de la République est l'élu de quelques centaines d'hommes, quand il devrait être nommé par le peuple — ou au moins par tour les conseils généraux.

Le sénat est inutile (excepté pour condamner les patriotes). S'il y a deux assemblées et si elles sont d'accord, une seule est suffisante ; si elles sont en conflit, on sait que le sénat plie toujours devant la Chambre issue du prétendu suffrage universel.

Le Peuple n'est pas souverain en France.

Nous sommes dix millions d'électeurs. Il y a trois millions d'abstentions.

Sur 7.000 000 de votants, il y a près d'un million de fonctionnaires de l'Etat, des départements et des communes qui votent toujours pour les candidats officiels.

Sur les 6 000.000 d'électeurs qui votent, à peine la moitié (45 0[0) sont représentés.

La Chambre des Députés est l'image de trois millions d'électeurs sur 10.000 000.

Les Députés au lieu d'être élus au scrutin de liste qui permet de se prononcer sur des idées et non sur des personnes sont envoyés à la Chambre par le scrutin uninominal ou scrutin d'arrondissement, — lequel permet l'achat des électeurs, le trafiquage des voix, le triomphe des nullités et de ceux qui promettent le plus de chemins de fer électoraux ou de bureaux de tabacs à leurs électeurs.

Il est temps de jeter à bas ce hideux gouvernement parlementaire qui nous conduit à la banqueroute et au déshonneur. Il faut réclamer l'élection du Président de la République par le Peuple comme en Amérique, comme chez les Bœrs.

Il nous faut le scrutin de liste.

Demandons la représentation proportionnelle qui permettra — comme en Suisse et en Belgique — aux minorités de se faire représenter.

Faisons connaître notre idée de la représentation professionnelle — grâce à laquelle à la place de l'inutile et odieux Sénat, nous aurons des hommes élus par les organisations professionnelles, agricoles, industrielles et commerciales, ouvrières et patronales pour nous faire de bonnes lois socialistes, au lieu de 400 avocats du Parlement qui noient tous les efforts des 15 agriculteurs perdus au milieu d'eux !

# Branle-bas de Combat !

Camarades, quand vous lirez ces pages, la période électorale sera ouverte dans nos Ardennes comme dans toute la France.

La néfaste bande Corneau qui joue sa dernière bataille, essaye de jeter sur ses adversaires l'insulte et la calomnie.

Ces moribonds, dans une feuille électorale qu'ils dirigent, " prétendent opposer le raisonnement et la discussion aux boniments payés qui s'étalent depuis longtemps dans la feuille intitulée " *Peuple Ardennais* ".

Or, Camarades, notre vaillant journal, vous le savez, ne reçoit d'argent de personne, et c'est son succès seul qui met en rage la sale bande dreyfusarde.

Grâce à nous, l'Idée Nationaliste et Antisémite est répandue partout dans notre département, et chaque semaine des centaines et centaines de " *Peuple Ardennais* " vont réchauffer le zèle de nos militants et jeter l'épouvante dans les rangs de nos adversaires.

Camarades ! Il faut qu'au 6 Mai prochain, vous marchiez courageusement à la bataille.

Dans chacune de nos communes, la question se pose la même.

Laisserez-vous triompher les valets du Gouvernement actuel, et ouvrirez-vous les portes de vos mairies aux pitres déguisés des loges, humbles serviteurs des Juifs ?

Vous laisserez-vous prendre de nouveau aux paroles mensongères, aux promesses fallacieuses de la bande à Poulain et de ses caboulotiers ?

Camarades ! Approuverez-vous par votre vote les ignominies sans nombre que nous subissons depuis deux ans :

Dreyfus, deux fois condàmné, en liberté ; la honteuse Haute-Cour ; les arrestations illégales ; Déroulède en exil ; Guérin, muré vivant dans sa prison ; la honte de Fachoda ; Gallifet, le fusilleur de 35.000 citoyens, au pouvoir ; Loubet, le Panamiste, à la Présidence ; les massacres de la Martinique ; le juif Paquin et ses amis décorés ; la dilapidation de notre argent ; la liberté et l'égalité supprimées ; la honte du Régime Parlementaire ; approuverez-vous tout cela, citoyens ?

Et dans notre département, tendrez-vous la perche aux Corneau, sur le point de sombrer, à jamais ensevelis sous le mépris de tous les honnêtes gens ?

A Charleville comme ailleurs, serez-vous les plats valets de ces bourgeois millionnaires, ignorants et ambitieux qui flanquent leurs ouvriers à la porte, pour les remplacer par des machines linotypes au début de l'hiver ; qui ruinent le commerce en subventionnant *Les Nouvelles Galeries* ; qui jettent la boue sur tout ce qui est noble et grand ?

Allez-vous, camarades, approuver les Lambert Hamaide, tyrans dont les infamies et les attentats contre la liberté ne se comptent plus ? Les Berluron et autres Docquin ?

Non, mille fois non ! Vous en avez assez, n'est-il-pas vrai !

Vous voulez la République !

Vous voulez la France forte et son armée respectée !

Vous voulez la liberté pour tous et non seulement pour l'odieuse secte maçonnique !

Vous nous suivrez donc, camarades ! Ceux d'entre vous qui sont groupés comme ceux qui sont isolés.

Vous ferez triompher dans chacune de nos communes, comme dans toute la France, les candidats sincèrement républicains, patriotes et démocrates.

Vous voterez en masse, sans abstention, entrainant vos voisins, vous vous dévouerez pour notre belle Idée qui est l'Idée de demain.

Vous mépriserez les insultes et les cris de « A bas la calotte » que nos adversaires plus calotins que quiconque feront retentir a vos oreilles, vous voterez pour le triomphe du Nationalisme, de la France et de la Démocratie.

Le Roi HENRI.

CITOYENS,
Lisez tous
LE PEUPLE ARDENNAIS
paraissant le Dimanche